카드배틀! 퀴즈 공룡백과

1판 1쇄 인쇄 2022년 10월 27일
1판 1쇄 발행 2022년 11월 14일

글 그림 귀엽곰

펴낸이 박석현
디자인 귀엽곰

펴낸곳 베어북스
등 록 제2022-000060호
팩 스 0504-135-0419
이메일 giyupgom11@naver.com

제작 인쇄 조광프린팅

ISBN 979-11-980384-1-8 (74490)
　　　979-11-980384-0-1 (세트)

- 값은 뒤표지에 있습니다.
- 잘못된 책은 구매하신 서점에서 교환해 드립니다.
- 책 내용에 관한 문의사항은 giyupgom11@naver.com으로 보내주시기 바랍니다.

차례

- ●차례…4

- ●프롤로그…8

1 트라이아스기의 공룡 …11

코엘로피시스

플라테오사우루스

헤레라사우루스

[레벨업 페이지]

2 쥐라기의 공룡 …19

브라키오사우루스

마소스폰딜루스

디플로도쿠스

케티오사우루스

카마라사우루스

바로사우루스

안키사우루스

알로사우루스

메갈로사우루스

케라토사우루스

딜로포사우루스

신랍토르

양추아노사우루스

콤프소그나투스

이

시조새

헤테로돈토사우루스

마멘키사우루스

스테고사우루스

켄트로사우루스

디모르포돈

익룡

아누로그나투스

이크티오사우루스

오프탈모사우루스

리오플레우로돈

[레벨업 페이지]

3 백악기의 공룡 …73

티라노사우루스

스피노사우루스

카르노타우루스

기가노토사우루스

수각류 공룡

타르보사우루스

스트루티오미무스

갈리미무스

오르니토미무스

테리지노사우루스

벨로키랍토르

데이노니쿠스

오비랍토르

바리오닉스

수코미무스

유티란누스

아르젠티노사우루스

살타사우루스

용각류 공룡

이구아노돈

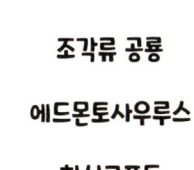

파라사우롤로푸스

조각류 공룡

에드몬토사우루스

힙실로포돈

람베오사우루스

오우라노사우루스

마이아사우라

트리케라톱스

각룡류 공룡

프로토케라톱스

파키케팔로사우루스

안킬로사우루스

곡룡류 공룡

유오플로케팔루스

프테라노돈

케찰코아틀루스

어룡

엘라스모사우루스

크로노사우루스

모사사우루스

[레벨업 페이지]

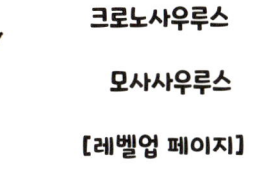

●정답 페이지…155

프롤로그

1 트라이아스기의 공룡

코엘로피시스

HP 100

공격력 80
방어력 40
속도 80

다음 중 코엘로피시스에 관한 설명이 아닌 것은?

1. 몸무게가 사람의 어린아이 정도밖에 안 나갔어요.

2. 몸길이는 3m가량이에요.

3. 눈이 커서 시력이 좋았어요.

4. 풀을 뜯어 먹고 살았어요.

코엘로피시스

코엘로피시스는 후기 트라이아스기에 살았던 육식 공룡으로, 작은 도마뱀이나 포유류는 물론 다른 공룡도 잡아먹고 살았어요. 몸길이는 2.5~3m 정도였지만 몸무게는 사람의 어린아이와 비슷한 15~20kg 정도로 가벼워서 빠르게 달릴 수 있었지요.

게다가 눈이 커서 시력도 좋아 사냥을 잘했답니다.

- 살았던 시대 : 트라이아스 후기
- 크기 : 2.5~3m
- 체중 : 15~20kg
- 식성 : 육식
- 발견된 곳 : 북아메리카

플라테오사우루스

HP 110

공격력 70
방어력 50
속도 60

다음 플라테오사우루스에 관한 설명 중 맞는 것은?

1. 후기 트라이아스기 공룡 중에 작은 편이었어요.

2. 무리를 짓지 않고 혼자 살았어요.

3. 풀을 뜯어 먹고 살았지만, 작은 곤충 등도 먹었어요.

4. 두 다리로는 설 수 없었어요.

플라테오사우루스

플라테오사우루스는 후기 트라이아스기에 살았던 공룡 중에서는 가장 컸어요. '납작한 도마뱀'이라는 뜻의 이름답게 이빨이 평평하고 납작해서 풀을 뜯어 먹기에 좋았지만, 작은 곤충 등도 먹었다고 해요. 갈고리처럼 생긴 발톱으로 나뭇가지를 잡거나 나뭇잎을 뜯었으며, 높은 곳에 있는 나뭇잎을 먹을 때는 두 뒷다리로 서기도 했어요.

유럽에서 여러 마리의 플라테오사우루스 화석이 한꺼번에 발견되어, 무리를 지어 살았던 것으로 여겨진답니다.

- 살았던 시대 : 트라이아스 후기
- 크기 : 최대 10m
- 체중 : 최대 4t
- 식성 : 주로 초식
- 발견된 곳 : 유럽

다음 중 헤레라사우루스에 관한 설명이 아닌 것은?

1. 가장 원시적인 육식 공룡 중 하나에요.

2. 원시 포유류나 도마뱀, 작은 초식 공룡 등을 잡아먹었어요.

3. 앞다리는 거의 퇴화해서 쓸모없었어요.

4. 빨리 달릴 수 있었어요.

헤레라사우루스

헤레라사우루스는 가장 원시적인 공룡 중 하나에요. 날카로운 이빨과 발톱을 가졌으며, 몸이 날씬하고 뒷다리가 길어 원시 포유류나 도마뱀, 작은 초식 공룡 등을 사냥할 때 아주 빠르게 달릴 수 있었어요.

- 살았던 시대 : 트라이아스 후기
- 크기 : 3~6m
- 체중 : 200~350kg
- 식성 : 육식
- 발견된 곳 : 남아메리카

길쭉하게 뻗어있는 앞 발가락 끝에 달린 날카롭게 휘어진 발톱으로 먹이를 움켜쥐었을 것으로 여겨져요.

레벨업 페이지

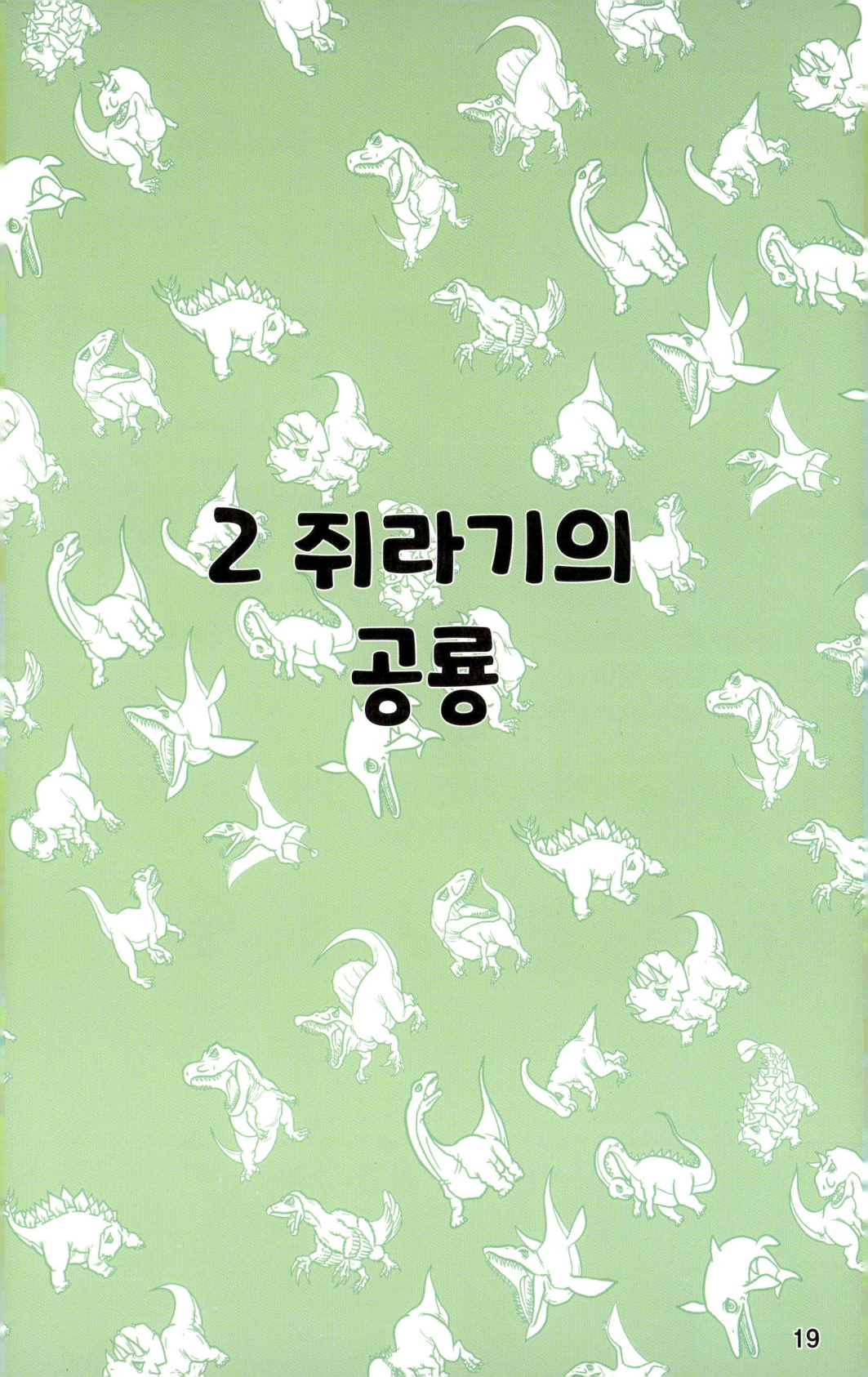

2 쥐라기의 공룡

다음 브라키오사우루스에 관한 설명 중 맞는 것은?

1. 주로 물속에서 생활했어요.

2. 앞다리가 뒷다리보다 길어요.

3. 키에 비해 몸길이가 길어요.

4. 덩치는 크지만, 몸무게는 가벼운 편이에요.

브라키오사우루스

브라키오사우루스는 '팔 도마뱀'이라는 뜻의 이름으로, 앞다리가 뒷다리보다 길어서 붙여졌답니다. 긴 앞다리 덕에 몸길이에 비해 키가 커서 오늘날의 기린처럼 아주 높은 곳에 있는 나뭇잎을 먹었을 것으로 여겨져요.
몸무게가 아주 무겁고 머리 위의 눈앞에 콧구멍이 있어요.

한때 과학자들은 브라키오사우루스가 무거운 몸을 지탱하기 위해 물속에 잠수한 다음 콧구멍만 내놓고 숨을 쉬었을 것으로 생각하기도 했었다고 해요.

- 살았던 시대 : 쥐라기 후기
- 크기 : 18~22m
- 체중 : 28~47t
- 식성 : 초식
- 발견된 곳 : 북아메리카, 아프리카

마소스폰딜루스

HP 120

공격력 50
방어력 60
속도 50

마소스폰딜루스는 나뭇잎을 어떻게 먹었을까요?

1. 나뭇잎을 날카로운 발톱으로 잘게 잘라서 먹었어요.

2. 크고 튼튼한 이빨로 잘 씹어서 먹었어요.

3. 나뭇잎을 잘 못 씹어서, 소화를 돕기 위한 돌을 삼켰어요.

4. 나뭇잎의 즙만 빨아 먹고 뱉었어요.

마소스폰딜루스

마소스폰딜루스의 이빨은 작고 듬성듬성 나 있어서 나뭇잎을 씹기에는 어려웠고, 긁거나 따는 역할을 했어요. 뱃속에는 소화를 도우려고 일부러 삼킨 돌이 발견되기도 했답니다.

평소에는 네 다리로 걸었지만, 뒷다리가 튼튼해 두 발로 설 수도 있었어요.

- 살았던 시대 : 쥐라기 전기
- 크기 : 4~6m
- 체중 : 약 300kg
- 식성 : 초식
- 발견된 곳 : 미국, 남아프리카

디플로도쿠스

HP 280

공격력 70
방어력 80
속도 50

다음 디플로도쿠스에 관한 설명 중 맞는 것은?

1. 꼬리를 채찍처럼 사용했어요.

2. 혼자 다니며 생활했어요.

3. 성격이 사나웠어요.

4. 꼬리보다 목이 길었어요.

디플로도쿠스

디플로도쿠스는 골격 화석이 완벽하게 발견된 공룡 중에서는 가장 몸길이가 길어요. 한때 '세이스모사우루스'라고 불리던 '디플로도쿠스 할로룸'은 길이가 무려 40m에 달한답니다.

성격이 온순하고 무리 지어 살며 식물을 뜯어 먹고 살았는데, 육식 공룡의 공격을 받으면 채찍처럼 생긴 긴 꼬리를 휘둘러 물리쳤다고 해요.

- 살았던 시대 : 쥐라기 후기
- 크기 : 27~30m
- 체중 : 10~16t
- 식성 : 초식
- 발견된 곳 : 북아메리카

케티오사우루스
HP 200
공격력 60
방어력 70
속도 50

다음 중 '고래 도마뱀'이라는 뜻의 이름인 케티오사우루스에 관한 설명이 아닌 것은?

1. 꼬리가 아주 긴 편이에요.

2. 물속에서 살았어요.

3. 소화를 돕기 위해 돌을 삼켰어요.

4. 무리를 지어 살았어요.

케티오사우루스

케티오사우루스는 '고래 도마뱀'이라는 뜻의 이름으로, 사람들은 처음 이 공룡의 뼈 화석 일부가 발견되었을 때 물속에 사는 커다란 생물의 뼈라고 생각했었다고 해요.
육식 공룡의 공격을 피하려고 무리지어 살면서 식물을 먹고 살았어요.

- 살았던 시대 : 쥐라기 후기
- 크기 : 약 18m
- 체중 : 24~25t
- 식성 : 초식
- 발견된 곳 : 영국, 모로코

목에 비해 꼬리가 아주 긴편이었고, 위에는 먹은 식물이 잘 소화되도록 돕기 위한 위석이 있었답니다.

카마라사우루스

HP 190

공격력 60
방어력 70
속도 60

다음 카마라사우루스에 관한 설명 중 맞는 것은?

1. 당시 희귀했었던 공룡이에요.

2. 소화를 돕기 위한 돌을 삼키지 않았어요.

3. 뼈 안이 빈틈없이 꽉 차 있었어요.

4. 이빨이 숟가락처럼 생겼어요.

카마라사우루스

카마라사우루스는 쥐라기 후기에 오늘날의 북아메리카에서 가장 흔했던 공룡으로, '방 도마뱀'이라는 뜻의 이름답게 척추뼈 안에 구멍이 많았어요. 다른 용각류 공룡들처럼 무리를 지어 생활하면서 식물을 뜯어 먹었어요.

먹은 식물의 소화를 돕기 위해 돌을 삼켰지만, 이빨이 숟가락처럼 넓고 강해서 질긴 식물을 자르기 편했어요.

- 살았던 시대 : 쥐라기 후기
- 크기 : 18~23m
- 체중 : 18~47t
- 식성 : 초식
- 발견된 곳 : 북아메리카

바로사우루스

HP 250

공격력 60
방어력 70
속도 60

다음 중 바로사우루스에 관한 설명이 아닌 것은?

1. 머리빗 모양의 이빨이 나 있었어요.

2. '무거운 도마뱀'이라는 뜻의 이름이에요.

3. 디플로도쿠스보다 꼬리가 더 길었어요.

4. 다른 용각류 공룡처럼 소화를 돕는 돌을 삼켰어요.

바로사우루스

바로사우루스는 '무거운 도마뱀'이라는 뜻의 이름이지만, 뼈에 구멍이 많아서 비슷한 덩치의 공룡들과 비교하면 이름처럼 아주 무거운 편은 아니라고 해요. 디플로도쿠스와 생김새도 몸길이도 비슷하지만, 디플로도쿠스보다 목이 더 길고 꼬리는 좀 더 짧았어요.

입에 머리빗 모양의 이빨이 나 있어 나뭇잎을 긁어서 삼키고, 소화를 돕는 돌(위석)을 삼켰을 것으로 여겨진답니다.

- 살았던 시대 : 쥐라기 후기
- 크기 : 25~30m
- 체중 : 10~11t
- 식성 : 초식
- 발견된 곳 : 북아메리카, 아프리카

HP 100

안키사우루스

공격력 50
방어력 40
속도 50

'가까운 도마뱀' 안키사우루스에 관한 설명으로 옳은 것은?

1. 몸길이 10m가 넘는 덩치 큰 공룡이었어요.

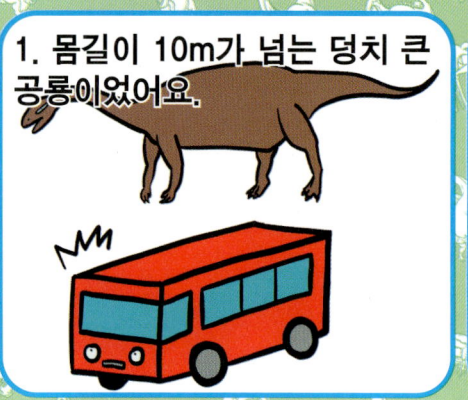

2. 잡식성 공룡이었어요.

3. 갈고리 모양의 엄지발톱으로 작은 동물을 사냥했어요.

4. 두 뒷다리로 일어설 수도 있었어요.

안키사우루스

안키사우루스는 '가까운 도마뱀'이라는 뜻의 이름으로, 평소에는 네 다리로 걸었지만 높은 곳에 있는 식물을 먹을 때는 뒷다리로 일어섰을 것으로 여겨져요. 목이 길고 몸이 날씬한 편이었어요.

앞발에 있는 커다란 갈고리 모양의 엄지 발톱은 땅에 있는 식물을 파거나 나뭇가지를 붙잡을 때 쓰였을 거라고 해요.

- 살았던 시대 : 쥐라기 전기
- 크기 : 2~3m
- 체중 : 30~70kg
- 식성 : 초식
- 발견된 곳 : 북아메리카

알로사우루스

HP 280

공격력 80
방어력 60
속도 80

> 알로사우루스는 갈고리처럼 생긴 앞발톱을 어떻게 썼을까요?

1. 먹잇감이 도망치지 못하게 붙잡았어요.

2. 거의 쓸 일이 없었어요.

3. 먹다 남긴 고기를 땅에 묻을 때 썼어요.

4. 땅을 박차며 빠르게 달릴 때 썼어요.

알로사우루스

알로사우루스는 '이상한 도마뱀'이라는 뜻의 이름으로, 눈 위에 한 쌍의 돌기가 튀어나와 있어요.
긴 꼬리로 중심을 잡으며 튼튼한 뒷다리로 빨리 달릴 수 있었어요.

- 살았던 시대 : 쥐라기 후기
- 크기 : 약 10m
- 체중 : 약 2t
- 식성 : 육식
- 발견된 곳 : 북아메리카

날카로운 이빨과 앞다리에 있는 갈고리처럼 휜 세 개의 발톱을 이용해 다른 공룡들을 사냥했지요.

메갈로사우루스

HP 290

공격력 80
방어력 70
속도 60

'거대한 도마뱀' 메갈로사우루스에 관한 설명 중 맞는 것은?

1. 턱의 힘이 약해서 큰 공룡은 사냥할 수 없었어요.

2. 처음으로 이름을 가진 공룡이에요.

3. 앞발이 짧아서 사냥할 때에는 쓰지 못했어요.

4. 도마뱀처럼 네 다리를 이용해 기어 다녔어요.

메갈로사우루스

'거대한 도마뱀'이라는 뜻의 메갈로사우루스라는 이름은 '공룡'이라는 말이 생겨나기 전에 붙여졌어요. 이름이 붙여지기 전에 1676년에 메갈로사우루스의 넓적다리뼈 화석이 발견되었었는데, 당시 사람들은 거인의 넓적다리뼈라고 생각했었다고 해요.

턱의 힘이 강하고 날카로운 이빨과 발톱, 튼튼한 꼬리를 가지고 있어 주로 몸집이 큰 초식 공룡들을 사냥했을 것으로 여겨진답니다.

- 살았던 시대 : 쥐라기 중기
- 크기 : 10m
- 체중 : 1~1.5t
- 식성 : 육식
- 발견된 곳 : 영국 등

케라토사우루스의 머리 뿔에 관한 설명 중 옳지 않은 것은?

케라토사우루스
HP 240
공격력 70
방어력 50
속도 70

1. 뿔이 코 위에 하나, 눈 위에 두 개 있었어요.

2. 머리의 뿔 때문에 '뿔 도마뱀'이라는 뜻의 이름이 붙여졌어요.

3. 먹잇감을 사냥할 때 쓰였어요.

4. 뼈로 이루어져 있었어요.

케라토사우루스

케라토사우루스는 '뿔 도마뱀'이라는 뜻으로 눈앞과 코 위에 뼈로 된 뿔이 있었어요. 이 뿔들은 무기로 사용하기에는 작아서, 사냥하는 데 쓰이지는 않았을 것으로 여겨져요.

케라토사우루스의 무기는 강하고 큰 턱에 달린 날카로운 이빨과 네 개의 앞 발가락에 달린 발톱이었답니다.

- 살았던 시대 : 쥐라기 후기
- 크기 : 6m
- 체중 : 1t
- 식성 : 육식
- 발견된 곳 : 북아메리카

딜로포사우루스

딜로포사우루스는 '볏이 두 개 달린 도마뱀'이라는 뜻의 이름으로, 머리뼈 양쪽에 뼈로 된 볏이 달려 있어요. 이 볏은 무기로 사용하기에는 약했고, 짝짓기를 할 때 상대에게 잘 보이기 위한 수단으로 쓰였던 것으로 보여요.
딜로포사우루스는 몸이 날씬해서 빠르게 달릴 수 있었어요.

날카로운 이빨과 발톱을 갖고 있었지만, 턱이 약한 편이어서 주로 작은 동물을 사냥했을 것으로 여겨진답니다.

- 살았던 시대 : 쥐라기 전기
- 크기 : 7m
- 체중 : 400kg
- 식성 : 육식
- 발견된 곳 : 북아메리카

신랍토르
HP 200
공격력 70
방어력 60
속도 60

다음 중 '중국의 약탈자' 신랍토르에 관한 설명이 아닌 것은?

1. 뒷다리가 튼튼해서 빨리 달릴 수 있었어요.

2. 날카로운 이빨과 발톱을 이용해 사냥했어요.

3. 벨로키랍토르의 친척뻘 되는 공룡이에요.

4. 약간 원시적인 특징을 가진 공룡이에요.

신랍토르

신랍토르는 '중국의 약탈자'라는 뜻의 이름이에요. 이름에 '랍토르'라는 단어가 들어가서 벨로키랍토르 등의 친척일 것 같지만, 사실 이름만 비슷하고 전혀 다르며, 약간 원시적인 특징을 보이는 공룡이라고 해요.

- 살았던 시대 : 쥐라기 후기
- 크기 : 7~8m
- 체중 : 약 1~1.5t
- 식성 : 육식
- 발견된 곳 : 중국

신랍토르는 튼튼한 뒷다리로 빠르게 달리면서 날카로운 이빨과 발톱을 이용해 초식 공룡을 사냥했어요.

양추아노사우루스

HP 250

공격력 80
방어력 60
속도 70

다음 중 양추아노사우루스에 관한 설명이 아닌 것은?

1. 쥐라기 때 유라시아 대륙에서 살았던 육식 공룡 중 가장 컸어요.

2. 중국에서 처음 발견된 공룡이에요.

3. 덩치가 너무 크고 느려서 사냥을 못 하는 편이었어요.

4. 주둥이 쪽에 작은 뿔이 있어요.

양추아노사우루스

양추아노사우루스는 '양춘의 도마뱀'라는 뜻의 이름으로, 이 공룡의 화석이 처음 발견된 중국의 쓰촨성 지역 이름을 따서 지은 거예요. 양추아노사우루스의 주둥이 위에는 작은 볏이 있었으며, 쥐라기 유라시아 대륙의 육식 공룡 중에서는 가장 컸어요.

튼튼한 뒷다리로 빠르게 달리며 무시무시한 이빨과 앞발톱으로 먹잇감을 사냥했어요.

- 살았던 시대 : 쥐라기 중기~후기
- 크기 : 약 8~10m
- 체중 : 약 1t
- 식성 : 육식
- 발견된 곳 : 중국

'예쁜 턱'이라는 뜻의 이름인 콤프소그나투스는 무엇을 먹고 살았을까요?

1. 도마뱀

2. 과일

3. 자신보다 큰 초식 공룡

4. 나뭇잎

콤프소그나투스

'예쁜 턱' 콤프소그나투스는 공룡 중에서는 가장 작은 편이에요. 긴 주둥이에 날카로운 이빨이 있고, 가늘고 긴 다리로 빠르게 뛸 수 있었지요. 주로 물가에 살며 곤충이나 도마뱀 등의 작은 동물을 잡아먹었어요.

- 살았던 시대 : 쥐라기 후기
- 크기 : 60cm~1m
- 체중 : 약 3kg
- 식성 : 육식
- 발견된 곳 : 유럽

HP 50

공격력 20
방어력 20
속도 40

박쥐처럼 생긴 날개를 가진 '이'에 관한 설명 중 옳은 것은?

1. 사실 공룡이 아니에요.

2. 최초로 비막이 발견된 공룡이에요.

3. 몸 일부에만 깃털이 나 있었어요.

4. 오늘날의 검독수리 정도의 크기에요.

이

이는 '기이한 날개'를 뜻하는 이름으로, 공룡 중 처음으로 '비막'이 발견되었지요. 비막이라는 건 오늘날 박쥐나 하늘다람쥐에서 볼 수 있는 피부가 늘어난 막을 뜻해요. 이는 오늘날의 비둘기나 닭 정도의 작은 크기에 몸 전체는 깃털로 뒤덮여 있었어요.

- 살았던 시대 : 쥐라기 후기
- 크기 : 오늘날의 비둘기나 닭 정도의 크기
- 체중 : 약 380g
- 식성 : 육식
- 발견된 곳 : 중국

시조새

HP 60

공격력 30
방어력 30
속도 40

다음 중 시조새에 관한 설명이 아닌 것은?

1. 꼬리에는 뼈가 없고 깃털만 있어요.

2. 공룡처럼 이빨이 나 있어요.

3. 날개 끝에 발가락이 달려 있어요.

4. 머리는 작고 눈은 컸어요.

시조새

시조새는 오늘날 파충류와 조류의 특징을 모두 지니고 있어요. 새처럼 머리는 작고 눈은 크며, 깃털이 잘 발달한 날개가 있어요. 부리에는 파충류처럼 날카로운 이빨이 나 있고 날개 끝에 발톱이 있는 발가락이 달려 있으며, 꼬리는 꼬리뼈로 길게 이어져 있지요.

- 살았던 시대 : 쥐라기 후기
- 크기 : 30~50cm
- 체중 : 약 500g
- 식성 : 잡식
- 발견된 곳 : 유럽

송곳니를 가진 헤테로돈토사우루스가 먹지 않았던 것은?

1. 나뭇잎이나 풀

2. 작은 포유류나 도마뱀

3. 자기보다 큰 초식 공룡

4. 곤충

헤테로돈토사우루스

헤테로돈토사우루스는 '서로 다른 이빨을 가진 도마뱀'이라는 뜻의 이름으로, 앞니와 송곳니, 어금니 세 가지 형태의 이빨을 가지고 있었어요. 오늘날의 칠면조 정도 크기였으며 주로 식물을 먹었지만 작은 포유류나 도마뱀, 곤충 등을 잡아먹기도 했어요.

다섯 개의 갈고리처럼 생긴 앞발톱으로 먹이를 잡았을 것으로 여겨져요.

- 살았던 시대 : 쥐라기 전기
- 크기 : 1~1.5m
- 체중 : 15~20kg
- 식성 : 잡식
- 발견된 곳 : 남아프리카

마멘키사우루스

HP 230

공격력 70
방어력 70
속도 50

다음 마멘키사우루스에 관한 설명 중 옳지 않은 것은?

1. 지금까지 발견된 공룡 중 가장 목이 길어요.

2. 화석이 중국에서 발견됐어요.

3. 공룡 중 꼬리가 가장 길어요.

4. 꼬리 끝에 달린 뼈로 된 뭉치로 몸을 지켰어요.

마멘키사우루스

마멘키사우루스는 화석이 처음 발견된 중국 지역의 이름을 딴 '마먼시의 도마뱀'이라는 뜻이에요. 마멘키사우루스의 목 길이는 15m에 달하며 19개의 긴 뼈로 이루어져 있는데, 지금까지 발견된 공룡 중 가장 목이 길어요.

꼬리 끝에 작은 뼈 뭉치가 있어 육식 공룡의 공격으로부터 몸을 보호했다고 해요.

- 살았던 시대 : 쥐라기 후기
- 크기 : 22~35m
- 체중 : 20~80t
- 식성 : 초식
- 발견된 곳 : 중국

'지붕 도마뱀' 스테고사우루스의 꼬리 가시는 어떻게 쓰였을까요?

1. 땅을 파서 식물의 뿌리를 캐 먹는 데 썼어요.

2. 멋지게 보이고 싶을 때 썼어요.

3. 육식 공룡으로부터 몸을 지킬 때 썼어요.

4. 아기 공룡을 혼낼 때 썼어요.

스테고사우루스

스테고사우루스는 목부터 꼬리까지 커다란 골판이 있고, 꼬리에는 뼈로 된 가시가 있었어요.
골판이 어떻게 쓰였는지는 아직 정확하게 밝혀지지는 않았지만, 핏줄의 흔적이 있어서 과학자들은 스테고사우루스가 아마 골판으로 체온을 조절하거나 적을 위협했을 거라고 여기고 있어요.

평소에는 행동이 느리고 순한 초식 공룡이었지만, 육식 공룡의 위협을 받을 때는 꼬리의 날카로운 가시로 몸을 지켰다고 해요.

- 살았던 시대 : 쥐라기 후기
- 크기 : 약 9m
- 체중 : 최대 6t
- 식성 : 초식
- 발견된 곳 : 북아메리카

켄트로사우루스

HP 200

공격력 50
방어력 70
속도 40

켄트로사우루스를 스테고사우루스와 구별할 수 있는 큰 특징은?

1. 스테고사우루스보다 몸집이 훨씬 더 커요.

2. 몸에 뼈로 된 가시가 더 많아요.

3. 등에 골판이 더 많이 달렸어요.

4. 머리가 더 커요.

켄트로사우루스

켄트로사우루스는 '가시 도마뱀' 이라는 뜻의 이름으로 스테고사우루스랑 닮았지만, 몸집이 더 작고, 몸에 뼈로 된 가시가 더 많이 달려 있지요. 어깨에도 커다란 한 쌍의 가시가 있답니다.

- 살았던 시대 : 쥐라기 후기
- 크기 : 2.5~5m
- 체중 : 400kg~1.5t
- 식성 : 초식
- 발견된 곳 : 아프리카

익룡 중 디모르포돈의 눈에 띄는 특징은 무엇일까요?

1. 몸집이 상당히 커요.

2. 날개가 아주 길어요.

3. 머리가 크고 주둥이에 여러 가지 모양의 이빨이 있어요.

4. 날지 못했어요.

디모르포돈

디모르포돈은 '두 가지 모양의 이빨'이라는 뜻의 이름으로, 주둥이 앞쪽에는 크고 날카로운 이빨들이 났고 뒤쪽에는 작은 이빨들이 났어요. 몸길이는 1m 정도였지만 날개는 펼쳤을 때 1.5m 정도로 몸에 비하면 짧은 편이에요.

머리가 25cm 정도나 될 정도로 큰 편이어서 아주 잘 날지는 못했을 것으로 여겨져요.

- 살았던 시대 : 쥐라기 전기
- 크기 : 약 1m
- 체중 : 잘 알려지지 않음
- 식성 : 육식
- 발견된 곳 : 유럽

익룡

HP 150

공격력 60
방어력 60
속도 60

다음 중 익룡에 관한 설명이 아닌 것은 무엇일까요?

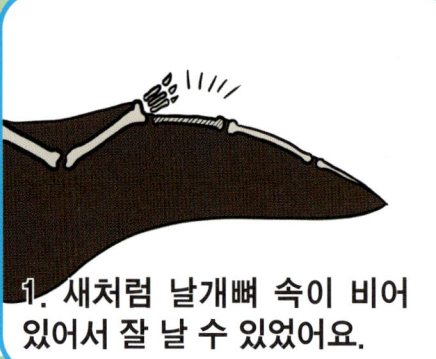

1. 새처럼 날개뼈 속이 비어 있어서 잘 날 수 있었어요.

2. 하늘을 날아다니는 공룡의 한 종류를 뜻해요.

척 보면 알지!!

3. 공룡과 같은 시대에 살다 멸종했어요.

4. 공룡과 가까운 관계의 동물이에요.

살려줘
우린 가까운 사이잖아!

익룡

익룡은 공룡과 함께 중생대에 살던 하늘을 나는 파충류로, 공룡과 아주 가까운 관계지만 공룡은 아니에요. 트라이아스기에 처음 출현했고, 6,500만 년 전 공룡과 함께 멸종했답니다. 익룡의 날개뼈는 새의 그것처럼 속이 비어있고 가벼워서 하늘을 잘 날 수 있었다고 해요.

- 살았던 시대 : 트라이아스기~백악기

아누로그나투스

HP 30

공격력 10
방어력 10
속도 30

깜찍한 외모의 아누로그나투스는 무엇을 먹고 살았을까요?

1. 오늘날의 과일박쥐처럼 과일을 먹고 살았어요.

2. 주로 물고기를 잡아먹었어요.

3. 주로 곤충을 잡아먹었어요.

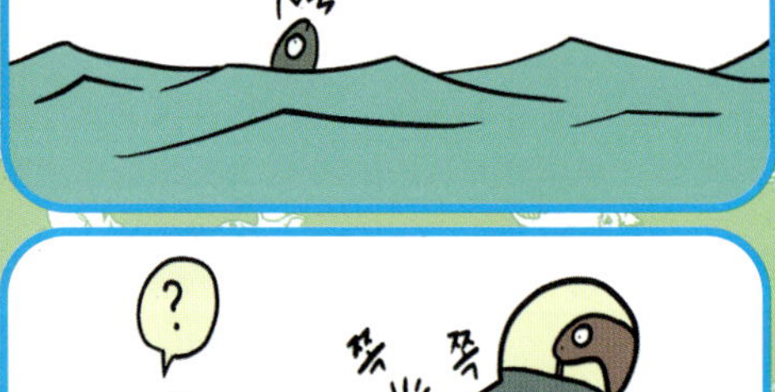

4. 큰 공룡의 피를 빨아먹고 살았어요.

아누로그나투스

아누로그나투스는 '꼬리가 없는 턱'이라는 뜻의 이름으로, 짧은 꼬리를 가지고 있고 머리부터 꼬리까지의 길이가 9cm 정도밖에 안 될 정도로 작은 익룡이에요.
목이 아주 짧고 머리가 크고 둥글었어요.

개구리처럼 넓적한 입에 뾰족한 이빨이 있어 주로 곤충들을 잡아먹고 살았을 것으로 여겨져요.

- 살았던 시대 : 쥐라기 후기
- 크기 :
  날개를 편 길이 30~50cm
- 체중 : 3~7g
- 식성 : 육식
- 발견된 곳 : 유럽

HP 130

이크티오사우루스

공격력 60
방어력 50
속도 50

다음 중 돌고래를 닮은 이크티오사우루스의 특징이 아닌 것은?

1. 돌고래처럼 꼬리를 위아래로 움직이면서 헤엄쳤어요.

2. 물고기 등 바다의 작은 동물을 잡아먹었어요.

3. 알을 낳지 않고, 새끼를 낳았어요.

4. 뒷다리가 남아있었어요.

이크티오사우루스

이크티오사우루스는 쥐라기에서 백악기까지 살았던 어룡으로, 이름의 뜻은 '물고기 도마뱀'이에요. 돌고래랑 닮았지만 물고기처럼 꼬리를 좌우로 움직이면서 헤엄쳤고, 돌고래한테는 없는 뒷다리가 남아있어요.

다른 파충류처럼 알을 낳지 않고, 뱃속에서 알을 부화시켜 새끼를 낳았다고 해요. 물고기 등 작은 바다동물을 먹고 살았어요.

- 살았던 시대 : 쥐라기~백악기
- 크기 : 3~3.3m
- 체중 : 잘 알려지지 않음
- 식성 : 육식
- 발견된 곳 : 유럽, 북아메리카

HP 150

오프탈모사우루스

공격력 70
방어력 60
속도 50

'눈 도마뱀' 오프탈모사우루스의 눈은 얼마나 컸을까요?

1. 오늘날의 돌고래 눈 크기랑 비슷해요.

2. 오늘날의 아프리카코끼리 눈 크기랑 비슷해요.

3. 오늘날의 대왕고래 눈보다 커요.

4. 사람의 눈 크기랑 비슷해요.

오프탈모사우루스

'눈 도마뱀'이라는 뜻의 이름을 가진 오프탈모사우루스는 이름대로 눈이 매우 커요. 오프탈모사우루스의 눈은 오늘날 지구에서 가장 큰 동물인 대왕고래의 눈보다 더 크다고 해요.

커다란 눈과 그것을 감싸고 있는 뼈 덕분에 깊은 바닷속에서도 잘 볼 수 있었어요.

- 살았던 시대 : 쥐라기 후기
- 크기 : 약 5m
- 체중 : 잘 알려지지 않음
- 식성 : 육식
- 발견된 곳 : 유럽, 북아메리카, 남아메리카

리오플레우로돈

HP 450

공격력 90
방어력 80
속도 70

다음 리오플레우로돈에 관한 설명 중 옳은 것은?

1. 바닷속에서 살았던 공룡이에요.

2. '어룡' 중의 하나에요.

3. 주로 작은 물고기를 잡아 먹고 살았어요.

4. 쥐라기 중기~후기까지 유럽의 바다에서 강력한 포식자였어요.

리오플레우로돈

'옆면이 매끈한 이빨'이라는 뜻의 이름을 가진 리오플레우로돈은 '장경룡'이라고 불리는 해양 파충류로, 공룡이 아니며 물고기처럼 생긴 어룡하고도 달라요. 노처럼 생긴 네 개의 튼튼한 지느러미를 이용해 바닷속을 헤엄쳤어요.

물고기와 해양 파충류 등 자기보다 작은 대부분의 바다동물들을 잡아먹었을 정도로 유럽 바다의 상위 포식자였어요.

- 살았던 시대 : 쥐라기 중기~후기
- 크기 : 6.6m
- 체중 : 약 3.3t
- 식성 : 육식
- 발견된 곳 : 유럽

레벨업 페이지

3 백악기의 공룡

티라노사우루스

HP 500

공격력 100
방어력 80
속도 70

다음 중 티라노사우루스에 관한 설명이 아닌 것은?

1. 머리가 몸에 비해 크고 무거워서 달리다 넘어지기 일쑤였어요.

2. 시력이 아주 좋았어요.

3. 무는 힘이 엄청나서 초식 공룡의 뼈도 부술 정도였어요.

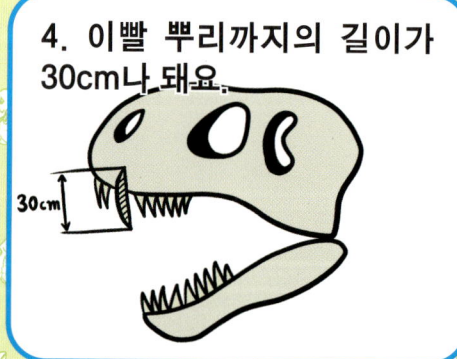

4. 이빨 뿌리까지의 길이가 30cm나 돼요.

티라노사우루스

'폭군 도마뱀' 티라노사우루스는 길고 튼튼하게 잘 발달한 뒷다리로 달리며 커다란 꼬리로 균형을 잡았을 것으로 여겨져요. 몸이 크고 무거운 티라노사우루스가 어느 정도의 속도로 달렸을지는 아직 의문점이 많지만, 시력이 아주 좋았고 강력한 턱 등 사냥을 잘할 수 있는 신체구조를 가졌다고 해요.

뿌리까지의 길이가 30cm나 되는 크고 날카로운 이빨로 초식 공룡의 뼈를 으스러뜨릴 수 있었지요.

- 살았던 시대 : 백악기 후기
- 크기 : 10~13m
- 체중 : 6~9t
- 식성 : 육식
- 발견된 곳 : 북아메리카

HP 480

스피노사우루스

공격력 100
방어력 80
속도 60

다음 스피노사우루스 등의 돌기에 관한 설명 중 옳은 것은?

1. 다른 공룡하고 싸울 때 무기로 썼어요.

2. 안에는 뼈가 없어요.

3. 어떻게 쓰였는지는 아직 정확하게 알려지지 않았어요.

4. 부채처럼 접었다 폈다 할 수 있었어요.

스피노사우루스

'가시 도마뱀' 스피노사우루스는 지금까지 발견된 육식 공룡 중에서는 몸길이가 가장 길어요. 머리와 이빨 모양이 악어를 닮았으며, 등에 뼈로 이루어진 돛 모양의 돌기가 달렸지요. 이 돌기의 용도는 아직 정확하게 알려지진 않았어요.

과학자들은 돌기가 체온을 조절하거나 몸집이 커 보이게 하는 역할 등을 했을 것으로 추측하고 있어요.

- 살았던 시대 : 백악기
- 크기 : 최대 15m 정도
- 체중 : 8t
- 식성 : 육식
- 발견된 곳 : 아프리카

'고기를 먹는 황소' 카르노타우루스의 뿔은 어떻게 쓰였을까요?

1. 사냥할 때 무기로 쓰였어요.

2. 아직 어떻게 쓰였는지 잘 알려지지 않았어요.

3. 어른 공룡이 되었다는 표시로 쓰였어요.

4. 고기를 자를 때 쓰였어요.

카르노타우루스

카르노타우루스는 '고기를 먹는 황소'라는 뜻의 이름이에요. 눈 위에 나 있는 뿔이 황소의 뿔과 닮아서 붙여진 이름으로 과학자들은 이 뿔을 무섭게 보이기 위해 썼거나 했을 것으로 생각하고 있지만, 아직 정확하게 밝혀지진 않았어요.

- 살았던 시대 : 백악기 후기
- 크기 : 7~9m
- 체중 : 약 2t
- 식성 : 육식
- 발견된 곳 : 남아메리카

'거대한 남쪽 도마뱀' 기가노토사우루스는 어떻게 사냥했을까요?

1. 먹잇감을 한입에 삼켰어요.

2. 앞발톱을 휘둘러 먹잇감을 기절시켰어요.

3. 강한 턱 힘으로 먹잇감의 뼈를 부쉈어요.

4. 칼처럼 생긴 날카로운 이빨로 먹잇감을 물어 상처를 냈어요.

기가노토사우루스

'거대한 남쪽 도마뱀'이라는 뜻의 이름을 가진 기가노토사우루스는 티라노사우루스와 비교될 정도로 크고 강한 육식 공룡이었어요. 하지만 무는 힘이 티라노사우루스처럼 뼈를 부술 정도로 강하진 않아서, 단검처럼 생긴 날카로운 이빨로 먹잇감을 물어 상처를 내서 사냥했을 것으로 여겨져요.

뒷다리는 잘 발달했지만 앞발은 짧은 편이었답니다.

- 살았던 시대 : 백악기
- 크기 : 12~13m
- 체중 : 5~8t
- 식성 : 육식
- 발견된 곳 : 남아메리카

수각류 공룡

HP 350

공격력 80
방어력 70
속도 70

다음 중
수각류 공룡이
아닌 것은?

1. 벨로키랍토르

2. 스피노사우루스

3. 모사사우루스

4. 오르니토미무스

수각류 공룡

수각류는 두 발로 서서 튼튼한 꼬리로 중심을 잡으며 걸었던 공룡이에요. 대부분의 수각류 공룡은 육식이었지만, 오르니토미무스처럼 잡식이었던 공룡도 있어요. 알고 보면 오늘날의 새도 수각류 중의 하나로, 중생대에 살았던 수각류 공룡과 닮은 점이 많답니다.

모사사우루스는 백악기에 살았던 거대한 '해양 파충류'로, 공룡이 아니에요!

타르보사우루스

HP 440

공격력 80
방어력 70
속도 70

티라노사우루스랑 닮은 타르보사우루스에 관한 설명 중 틀린 것은?

1. 머리가 티라노사우루스보다 더 큼직한 편이었어요.

2. 티라노사우루스처럼 앞다리가 짧았어요.

3. 티라노사우루스보다는 약간 작은 편이었어요.

4. 오늘날의 아시아 지역 최고 포식자였어요.

타르보사우루스

타르보사우루스는 '놀라게 하는 도마뱀'이라는 뜻의 이름이에요. 강력한 턱과 이빨, 튼튼한 뒷다리를 가지고 있는 아시아 지역 최고의 포식자였지요.

- 살았던 시대 : 백악기 후기
- 크기 : 최대 10m
- 체중 : 최대 4.5t
- 식성 : 육식
- 발견된 곳 : 아시아

티라노사우루스랑 많이 닮았지만, 티라노사우루스보다 크기가 약간 더 작은 편이에요.

HP 180

스트루티오미무스

공격력 60
방어력 60
속도 70

타조를 닮은 스트루티오미무스는 먹이를 어떻게 잡았을까요?

1. 날카로운 이빨로 물어뜯었어요.

2. 긴 혀를 이용해 잡았어요.

3. 긴 앞발에 달린 발톱을 이용했어요.

4. 박치기로 기절시켜서 잡았어요.

스트루티오미무스

'타조를 닮은'이라는 뜻의 이름을 가진 스트루티오미무스는 머리가 작고 눈이 크며, 목과 다리가 길어 오늘날의 타조랑 닮았어요. 부리에는 이빨이 나지 않았지요.

긴 앞발에 달린 날카로운 발톱을 이용해서 알이나 곤충, 과일 등 다양한 먹이를 먹었을 것으로 여겨져요.

- 살았던 시대 : 백악기 후기
- 크기 : 약 4m
- 체중 : 약 150kg
- 식성 : 잡식
- 발견된 곳 : 북아메리카

갈리미무스
HP 200
공격력 60
방어력 70
속도 70

'닭을 닮은'이라는 뜻의 이름을 가진 갈리미무스에 관한 설명 중 옳은 것은?

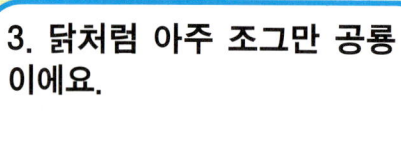

1. 길고 뾰족한 주둥이에 날카로운 이빨이 있어요.

2. 오늘날의 타조처럼 빠르게 달릴 수 있었어요.

3. 닭처럼 아주 조그만 공룡이에요.

4. 새처럼 날아다닐 수 있었어요.

갈리미무스

커다란 타조처럼 생긴 갈리미무스는 타조를 닮은 공룡 중에서는 가장 커요.
이빨이 없고 앞다리도 짧은 편이지만, 튼튼한 뒷다리로 오늘날의 타조처럼 시속 70km 정도로 빠르게 달릴 수 있어 타르보사우루스 같은 포식자의 공격을 피할 수 있었을 것으로 여겨져요.

- 살았던 시대 : 백악기 후기
- 크기 : 4~7m
- 체중 : 440kg
- 식성 : 잡식
- 발견된 곳 : 몽골

오르니토미무스

HP 190

공격력 60
방어력 60
속도 70

오르니토미무스는 천적을 만나면 어떻게 했을까요?

1. 잘 발달한 다리를 이용해 빠르게 도망쳤어요.

2. 하늘을 날아 도망쳤어요.

3. 몸 색깔과 비슷한 장소에 몸을 숨겼어요.

4. 날카로운 이빨과 발톱으로 맞서 싸웠어요.

오르니토무스

'새를 닮은 자'라는 뜻의 이름인 오르니토무스는 새 중에서도 특히 타조를 많이 닮았어요. 새의 부리처럼 생긴 입에는 이빨이 없고, 천적을 만나면 튼튼하게 발달한 뒷다리로 빠르게 달려 도망쳤어요. 오르니토무스의 화석에서는 깃털의 흔적이 발견되어 날개가 있었을 것으로 보여요.

하지만 하늘을 날지는 못했을 것으로 여겨져요.

- 살았던 시대 : 백악기 후기
- 크기 : 약 3.5m
- 체중 : 140kg 전후
- 식성 : 잡식
- 발견된 곳 : 북아메리카

HP 350
테리지노사우루스

공격력 80
방어력 70
속도 60

다음 테리지노사우루스의 앞발톱에 관한 설명 중 옳지 않은 것은?

1. 70cm가 넘을 정도로 길어요.

2. 땅속에 있는 먹이를 구하기 위해 땅을 팔 때 쓰였을 것으로 여겨져요.

3. 식물의 잎을 모아서 먹을 때 쓰였을 것으로 여겨져요!

4. 천적으로부터 몸을 지킬 때 쓰였을 것으로 여겨져요.

테리지노사우루스

'큰 낫 도마뱀' 테리지노사우루스는 이름의 뜻처럼 낫같이 생긴 긴 발톱을 가지고 있어요. 과학자들은 테리지노사우루스가 70cm가 넘는 이 발톱으로 식물의 잎을 모아서 먹거나 천적으로부터 몸을 지켰을 것으로 여겨요.

- 살았던 시대 : 백악기 후기
- 크기 : 약 10m
- 체중 : 약 5t
- 식성 : 잡식
- 발견된 곳 : 몽골

벨로키랍토르
HP 160
공격력 60
방어력 50
속도 70

벨로키랍토르 뒷발의 낫처럼 생긴 발톱은 어떻게 쓰였을까요?

1. 짝짓기를 할 때 멋져 보이려고 쓰였어요.

2. 먹잇감의 살을 찢는 데 쓰였어요.

3. 땅을 팔 때 쓰였어요.

4. 먹잇감을 붙잡을 때 쓰였어요.

벨로키랍토르

벨로키랍토르의 이름 뜻은 '날쌘 도둑'으로 몸집은 크지 않았지만, 동작이 재빠르고 날카로운 이빨과 발톱으로 자기보다 큰 먹잇감도 사냥할 수 있었어요.
벨로키랍토르의 뒷발에는 낫처럼 생긴 긴 발톱이 있는데, 과학자들은 한때 이 발톱이 사냥감을 찢을 때 쓰인다고 생각했어요.

하지만 한 실험의 결과 발톱이 살을 찢을 정도로 강하진 않아서, 먹잇감이 도망가지 못하게 꽉 잡을 때 쓰였을 것으로 여겨지게 되었어요.

- 살았던 시대 : 백악기 후기
- 크기 : 1.5~2m
- 체중 : 15~20kg
- 식성 : 육식
- 발견된 곳 : 아시아

HP 210

데이노니쿠스

공격력 70
방어력 60
속도 70

다음 데이노니쿠스에 관한 설명 중 옳은 것은?

1. 달리기는 잘 못했어요.

2. 하늘을 날아다녔어요.

3. 뒷발에 10cm가 넘는 갈고리 모양의 발톱이 달렸어요.

4. 꼬리가 짧아요.

데이노니쿠스

'무서운 발톱'이라는 뜻의 이름을 가진 데이노니쿠스는 뒷발에 10cm가 넘는 갈고리 모양의 발톱이 달렸어요. 튼튼한 뒷다리로 빠르게 달리며 긴 꼬리로 균형을 잡았고, 날카로운 이빨과 발톱으로 먹잇감을 사냥했답니다.

- 살았던 시대 : 백악기 전기
- 크기 : 3.4m
- 체중 : 73~100kg
- 식성 : 육식
- 발견된 곳 : 북아메리카

오비랍토르

HP 170

공격력 50
방어력 50
속도 70

오비랍토르는 왜 '알 도둑'이라는 뜻의 이름이 붙었을까요?

1. 다른 공룡의 알을 잘 훔쳤기 때문이에요.

2. 알을 들고 잘 달릴 수 있어서예요.

3. 다른 오비랍토르의 알을 가져와서 품었기 때문이에요.

4. 자기 알을 지키려다가 화석이 되어서 누명을 썼어요.

오비랍토르

오비랍토르라는 이름은 '알 도둑' 이라는 뜻이에요. 이런 이름이 붙은 이유는 이 공룡의 뼈 화석이 처음으로 발견되었을 때, 프로토케라톱스의 둥지와 함께 발견되어 그 알을 훔쳐 먹었을 것으로 여겨서예요.

하지만 나중에 그 알이 오비랍토르의 알이고, 알을 지키려다 죽은 것으로 밝혀진답니다.

- 살았던 시대 : 백악기 후기
- 크기 : 2m
- 체중 : 50kg
- 식성 : 잡식
- 발견된 곳 : 몽골

'무거운 발톱' 바리오닉스에 관한 설명 중 옳지 않은 것은?

1. 물고기만 잡아먹고 살았어요.

2. 앞발에 30cm 정도 되는 긴 발톱이 있어요.

3. 이빨 구조가 물고기를 잡아먹기에 좋아요.

4. 이빨 수가 96개나 되어요.

바리오닉스

'무거운 발톱'이라는 뜻의 이름을 가지고 있는 바리오닉스는 앞발에 30cm 정도나 되는 커다란 발톱이 달렸어요. 악어처럼 기다랗고 좁은 턱에 96개나 되는 이빨이 있으며, 과학자들은 바리오닉스의 이빨과 발톱 모양을 보고 미끄러운 물고기를 잡아먹기에 안성맞춤이었을 것으로 추측하고 있어요.

하지만 작은 공룡을 잡아먹은 흔적이 있는 화석도 발견되었으므로, 공룡도 사냥했을 것으로 보여요.

- 살았던 시대 : 백악기 전기
- 크기 : 8~10m
- 체중 : 약 3t
- 식성 : 육식
- 발견된 곳 : 유럽

'악어를 닮은' 수코미무스는 물고기를 어떻게 사냥했을까요?

1. 물속에서 입을 크게 벌리고 혀로 물고기를 꾀어냈어요.

2. 주로 죽은 물고기를 건져 먹었어요.

3. 불곰처럼 강력한 앞발을 휘둘러 잡았어요.

4. 꼬리를 휘둘러 잡았어요.

수코미무스

수코미무스는 '악어를 닮은'이라는 뜻의 이름이에요. 이름처럼 악어를 닮은 긴 주둥이에 100개가 넘는 이빨이 있고, 앞다리가 길고 강력했어요.

과학자들은 수코미무스가 현대의 불곰처럼 강력한 앞발을 휘둘러 물고기를 잡았을 것으로 여겨요.

- 살았던 시대 : 백악기 전기
- 크기 : 9.5~11m
- 체중 : 2.5~5.2t
- 식성 : 육식
- 발견된 곳 : 아프리카

유티라누스

HP 370

공격력 70
방어력 90
속도 60

유티라누스의 깃털은 어떻게 쓰였을까요?

1. 짝짓기에서 멋지게 보이기 위해 쓰였어요.

2. 추위로부터 몸을 따뜻하게 보호했어요.

3. 사냥할 때 몸을 숨기기 위해 쓰였어요.

4. 새처럼 날기 위해 쓰였어요.

유티란누스

'깃털 달린 폭군'이라는 뜻의 이름을 가진 유티란누스는 중국의 설원 지방에 살았고, 온몸이 깃털로 덮여 있었던 커다란 육식 공룡이에요. 유티란누스가 살던 곳은 매우 추워서 추위를 견디기 위해 깃털로 몸을 따뜻하게 보호했던 것으로 여겨져요.

- 살았던 시대 : 백악기 후기
- 크기 : 7.5~9m
- 체중 : 1.1~1.4t
- 식성 : 육식
- 발견된 곳 : 중국

아르젠티노사우루스

HP 500

공격력 70
방어력 100
속도 60

다음 아르젠티노사우루스에 관한 설명 중 옳은 것은?

1. 독일에서 처음 화석이 발견되었어요.

2. 중간 크기 정도의 용각류 초식 공룡이에요.

3. 뼈의 속이 비어있어, 덩치에 비하면 몸이 가벼운 편이에요.

4. 지구에 살았던 육상 동물 중 가장 커요.

아르젠티노사우루스

아르젠티노사우루스라는 이름은 '아르헨티나의 도마뱀'이라는 뜻으로, 남아메리카의 아르헨티나에서 처음 화석이 발견되었어요. 아르젠티노사우루스는 몸길이가 35m에 몸무게가 60~75t이나 되지요.

지구에서 살았던 육상 동물 중 가장 큰 것으로 여겨져요.

- 살았던 시대 : 백악기 후기
- 크기 : 35m
- 체중 : 60~75t
- 식성 : 초식
- 발견된 곳 : 남아메리카

살타사우루스

HP 250

공격력 60
방어력 70
속도 60

다음 중 살타사우루스의 특징은 무엇일까요?

1. 등에 뼈로 된 돌기가 있어요.

2. 용각류 초식 공룡 중에서 가장 큰 편이에요.

3. 두 다리로 걸어 다녔어요.

4. 꼬리에 뿔이 나 있어요.

살타사우루스

'살타의 도마뱀'이라는 뜻의 이름인 살타사우루스의 화석은 아르헨티나의 살타라는 지방에서 발견되었어요. 살타사우루스는 네 다리로 걷는 용각류 초식 공룡 중에서는 별로 크지 않은 편이었고, 갑옷공룡처럼 등 쪽에 난 뼈 돌기로 몸을 보호했어요.

- 살았던 시대 : 백악기 후기
- 크기 : 약 12~13m
- 체중 : 7~8t
- 식성 : 초식
- 발견된 곳 : 남아메리카

용각류 공룡

HP 220

공격력 60
방어력 80
속도 60

다음 중 용각류 공룡이 아닌 것은?

1. 브론토메루스

2. 마이아사우라

3. 살타사우루스

4. 아르젠티노사우루스

용각류 공룡

용각류는 목과 꼬리가 길고 몸집이 커다란 공룡이에요. 대부분 초식 공룡이었지만 트라이아스기에 나타난 초기 용각류 공룡들은 두 다리로 걷고 잡식을 하기도 했어요. 마이아사우라는 두 다리로 걸었던 조각류 공룡이에요.

조각류라는 이름은 처음 발견되었을 때 발의 모양이 새를 닮았다 하여 지어진 이름이라고 해요.

이구아노돈

HP 220

공격력 60
방어력 70
속도 70

이구아노돈의 앞발에 있는 큰 발톱은 어떻게 쓰였을까요?

1. 독침으로 쓰였을 거예요.

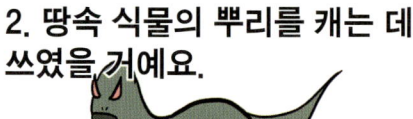

2. 땅속 식물의 뿌리를 캐는 데 쓰였을 거예요.

3. 짝짓기 때 멋지게 보이려고 쓰였을 거예요.

4. 육식 공룡으로부터 몸을 지킬 때 쓰였을 거예요.

이구아노돈

'이구아나의 이빨'이라는 뜻의 이름을 가진 이구아노돈의 이빨은 이름 그대로 이구아나처럼 생겼어요. 이구아노돈은 평소에 네 발로 걸었지만, 육식 공룡의 공격을 받으면 두 발로 걸었을 것으로 여겨져요. 이 공룡은 앞발의 엄지발톱이 날카롭고 길었는데, 이 발톱으로 육식 공룡을 물리쳤을 거예요.

과학자들은 예전에 이 발톱을 코 위에 난 뿔로 생각하기도 했었다고 해요.

- 살았던 시대 : 백악기 전기
- 크기 : 9~11m
- 체중 : 최대 4.5t
- 식성 : 초식
- 발견된 곳 : 유럽, 북아메리카, 아시아, 아프리카

다음 파라사우롤로푸스의 머리 볏에 관한 설명 중 옳지 않은 것은?

1. 속이 꽉 차 있어요.

2. 어떻게 쓰였는지는 아직 정확하게 밝혀지지 않았어요.

3. 뼈로 되어있어요.

4. 1m가 넘을 정도로 길었어요.

파라사우롤로푸스

'볏을 가진 도마뱀과 비슷한' 이라는 뜻의 이름을 가진 파라사우롤로푸스의 머리 뒤쪽에는 1m가 넘는 뼈로 된 기다란 볏이 있는데, 속이 비어있으며 콧구멍까지 연결되어 있어요.

과학자들은 파라사우롤로푸스가 이곳에 공기를 불어넣어 소리를 냈을 것으로 추측하고 있지만, 아직 정확하게 밝혀지진 않았어요.

- 살았던 시대 : 백악기 후기
- 크기 : 8~10m
- 체중 : 3~7t
- 식성 : 초식
- 발견된 곳 : 북아메리카

조각류 공룡

HP 180

공격력 60
방어력 50
속도 70

다음 중 조각류 공룡이 아닌 것은?

1. 산퉁고사우루스

2. 이구아노돈

3. 오르니토미무스

4. 파라사우롤로푸스

조각류 공룡

조각류는 화석이 처음 발견되었을 때 발의 모양이 새의 발과 비슷하게 생겼다고 해서 붙은 이름이에요. 조각류 공룡들은 대부분 초식 공룡이고, 네 발로 걷기도 하지만 두 발로도 걸을 수 있었어요.

'새를 닮은 자' 오르니토미무스는 새랑 비슷한 느낌이어서 조각류로 생각할 수 있지만, 수각류 공룡이에요. 사실 새도 수각류의 일종이랍니다.

에드몬토사우루스

HP 200

공격력 60
방어력 60
속도 60

에드몬토사우루스의 이빨에 관한 설명 중 옳지 않은 것은?

1. 입 전체에 이빨이 골고루 나 있어요.

2. 풀이나 나무를 잘 씹어먹을 수 있었어요.

3. 입의 맨 앞쪽에 있는 부리에는 이빨이 없어요.

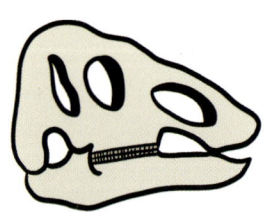

4. 입 안쪽에 1,000개가 넘는 이빨이 있어요.

에드몬토사우루스

에드몬토사우루스라는 이름은 '에드몬토의 도마뱀'이라는 뜻이에요. 에드몬토사우루스의 화석이 가장 처음 발견된 장소인 캐나다 앨버타주의 에드몬토라는 곳의 이름을 딴 거죠.

넓적한 입 안쪽에는 1,000개가 넘는 이빨이 있어서 식물을 잘 씹어먹을 수 있었고, 맨 앞쪽에 있는 부리에는 이빨이 없어요.

- 살았던 시대 : 백악기 후기
- 크기 : 약 13m
- 체중 : 약 4t
- 식성 : 초식
- 발견된 곳 : 북아메리카

힙실로포돈

HP 90

공격력 40
방어력 40
속도 70

다음 힙실로포돈에 관한 설명 중 옳지 않은 것은?

1. 식물을 먹고 살았어요.

2. 뼈의 속이 비어있어 몸이 가벼워요.

3. 튼튼한 뒷다리로 빠르게 달릴 수 있었어요.

4. 나무 위에서 살았어요.

힙실로포돈

'골이 깊은 이빨'이라는 뜻의 이름을 가진 힙실로포돈은 식물을 먹고 살았고, 뼈의 속이 비어있어 몸이 가볍고 뒷다리가 튼튼해서 적을 만나면 아주 빨리 도망칠 수 있었어요.

한때 과학자들은 이 공룡이 나무를 타며 살았을 것으로 여기기도 했었답니다.

- 살았던 시대 : 백악기 전기
- 크기 : 약 1.8m
- 체중 : 약 20kg
- 식성 : 초식
- 발견된 곳 : 유럽, 북아메리카

람베오사우루스
HP 180

공격력 60
방어력 60
속도 60

람베오사우루스 머리의 볏에 관한 설명으로 옳은 것은?

1. 말랑말랑한 피부로 되어 있어요.

2. 어른 공룡이 되어갈수록 볏도 자라났어요.

3. 모양은 성별에 상관없이 똑같았어요.

4. 뼈로 되어있으며, 속이 꽉 찼어요.

람베오사우루스

람베오사우루스라는 이름은 '람베의 도마뱀'이라는 뜻으로, 이 공룡의 화석을 발견한 사람의 이름을 따서 붙여졌어요. 람베오사우루스의 머리 위에는 커다랗고 속이 텅 빈 뼈 볏이 있어요.

이 볏은 성별과 나이에 따라 모양도 달랐고, 성장하면서 점점 자랐다고 해요.

- 살았던 시대 : 백악기 후기
- 크기 : 7~7.7m
- 체중 : 2.5~3.3t
- 식성 : 초식
- 발견된 곳 : 북아메리카

등에 돛 모양의 돌기가 있는 오우라노사우루스에 관한 설명이 아닌 것은?

오우라노사우루스
HP 160
공격력 60
방어력 50
속도 60

1. 스피노사우루스처럼 물고기를 잡아먹고 살았어요.

2. 이구아노돈처럼 앞발의 엄지발톱이 뾰족해요.

3. 오리 주둥이처럼 생긴 입으로 식물을 뜯어 먹고 살았어요.

4. 등의 돛 모양 돌기가 어떻게 쓰였는지는 아직 정확하게 알려지지 않았어요.

오우라노사우루스

오우라노사우루스라는 이름은 '용감한 도마뱀'이라는 뜻이에요. 오우라노사우루스의 등에는 커다란 돛 모양의 돌기가 있으며 이 돌기로 체온조절을 했을 것으로 여기는 과학자도 있지만, 아직 정확하게 알려지진 않았어요. 오우라노사우루스는 오리 주둥이처럼 넓적한 입으로 물가에 있는 식물을 먹고 살았어요.

- 살았던 시대 : 백악기 전기
- 크기 : 7~8m
- 체중 : 2~4t
- 식성 : 초식
- 발견된 곳 : 아프리카

앞발에 이구아노돈처럼 뾰족한 엄지발톱이 있지만, 이구아노돈의 것보다는 짧답니다.

'착한 어미 도마뱀' 마이아사우라에 관한 설명 중 옳지 않은 것은?

1. 알에서 깨어난 새끼를 돌봤어요.

2. 네 발로만 걸었어요.

3. 무리를 지어 살았어요.

4. 눈의 앞쪽에 작은 돌기가 있어요.

마이아사우라

'착한 어미 도마뱀'이라는 뜻의 이름을 가진 마이아사우라는 둥지에 알을 낳고, 알에서 깨어난 새끼를 돌봤어요. 무리를 지어 살며 오리 주둥이처럼 납작한 입으로 식물을 먹었어요. 눈의 앞쪽에는 작은 돌기가 있답니다.

주로 네 발로 걸었지만 두 발로도 걸을 수 있었던 것으로 여겨져요.

- 살았던 시대 : 백악기 후기
- 크기 : 9~10m
- 체중 : 4t
- 식성 : 초식
- 발견된 곳 : 북아메리카

트리케라톱스 머리의 프릴에 관한 설명 중 옳은 것은?

1. 얇고 약해서 육식 공룡의 공격으로부터 몸을 지키기는 어려웠을 거예요.

2. 속이 비어있어요.

3. 육식 공룡을 들이받을 때 쓰였어요.

4. 전체가 뼈로 꽉 차 있어요.

트리케라톱스

트리케라톱스는 '세 개의 뿔이 있는 얼굴'이라는 뜻이에요. 이름처럼 코 쪽에 1개, 눈 위쪽에 2개의 뿔이 있고 머리 뒤쪽으로는 전체가 뼈로 꽉 차 있는 넓은 프릴이 있는데, 과학자들은 트리케라톱스가 이 세 개의 뿔과 프릴로 육식 공룡의 공격으로부터 몸을 지켰을 것으로 여겼어요.

하지만 최근에는 트리케라톱스의 프릴이 싸움보다는 뽐내기 위해 쓰였다고 여기기도 한답니다.

- 살았던 시대 : 백악기 후기
- 크기 : 8~9m
- 체중 : 5~9t
- 식성 : 초식
- 발견된 곳 : 북아메리카

각룡류 공룡

HP 300

공격력 70
방어력 80
속도 60

다음 중 각룡류 공룡이 아닌 것은?

1. 프시타코사우루스

2. 트리케라톱스

3. 유오플로케팔루스

4. 프로토케라톱스

각룡류 공룡

트리케라톱스처럼 보통 머리에 뿔과 프릴이 있고 덩치가 크며 네 발로 걷는 초식 공룡을 '각룡류'라고 하는데, 처음 나타난 각룡류 공룡은 뿔도 프릴도 없으며 두 발로 걷는 작은 공룡이었어요.
각룡류 공룡의 공통적인 특징은 앵무새 부리처럼 생긴 입이랍니다.

유오플로케팔루스는 갑옷공룡이라고도 불리는 '곡룡류' 공룡으로, 온몸이 갑옷처럼 단단한 골판으로 덮였어요.

HP 100

프로토케라톱스

공격력 50
방어력 60
속도 60

다음 프로토케라톱스에 관한 설명 중 옳지 않은 것은?

1. 머리의 커다란 프릴을 방패처럼 썼어요.

2. 가장 처음으로 발자국이 새겨진 화석이 발견된 공룡이에요.

3. 머리에 크고 멋진 뿔은 없지만, 코 위에 작은 돌기가 있어요.

4. 각룡류 중 몸집이 작은 편이에요.

프로토케라톱스

'최초의 뿔 달린 얼굴'이라는 뜻의 이름을 가진 프로토케라톱스는 각룡류이지만 머리에 잘 발달한 뿔은 없고 코 위에 작은 돌기 정도만 있었으며, 몸집도 작아요. 머리 뒤에는 커다란 프릴이 달렸는데, 약해서 방패처럼 쓰기는 어려웠을 거예요.

- 살았던 시대 : 백악기 후기
- 크기 : 1.8m
- 체중 : 약 180kg
- 식성 : 초식
- 발견된 곳 : 몽골, 중국

프로토케라톱스는 가장 처음으로 발자국이 새겨진 화석이 발견된 공룡이기도 해요.

파키케팔로사우루스의 머리에 관한 설명 중 옳지 않은 것은?

1. 머리뼈가 20cm를 넘을 정도로 두꺼워요.

2. 머리 주변에 있는 돌기는 뼈로 되어있어요.

3. 뇌는 호두알만큼 작았어요.

4. 머리 위에 둥글게 솟아있는 부분은 스펀지처럼 푹신해요.

파키케팔로사우루스

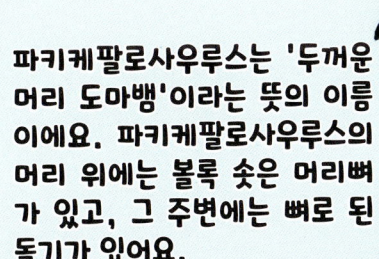

파키케팔로사우루스는 '두꺼운 머리 도마뱀'이라는 뜻의 이름이에요. 파키케팔로사우루스의 머리 위에는 볼록 솟은 머리뼈가 있고, 그 주변에는 뼈로 된 돌기가 있어요.

머리뼈는 20cm가 넘을 정도로 두껍고 단단하며, 대신 뇌 크기는 호두알만큼 작았어요.

- 살았던 시대 : 백악기 후기
- 크기 : 4.5m
- 체중 : 약 450kg
- 식성 : 초식
- 발견된 곳 : 북아메리카

HP 280

안킬로사우루스

공격력 70
방어력 90
속도 50

안킬로사우루스 꼬리의 곤봉에 관한 설명 중 옳지 않은 것은?

1. 단단한 뼈로 되어있어요.

2. 피부가 변해서 된 거예요.

3. 육식 공룡의 공격으로부터 몸을 지키는 강력한 무기 역할을 했을 거예요.

4. 동족끼리 힘을 겨룰 때도 쓰였을 거예요.

안킬로사우루스

'연결된 도마뱀' 안킬로사우루스는 등이 딱딱한 뼈로 된 갑옷으로 덮여 있고, 꼬리에는 곤봉처럼 생긴 커다란 돌기가 있어 육식 공룡의 공격으로부터 몸을 지킬 수 있었을 거예요. 꼬리의 곤봉은 단단한 뼈로 이루어져 휘두르면 강력한 무기가 될 수 있었어요.

- 살았던 시대 : 백악기 후기
- 크기 : 6~8m
- 체중 : 4~8t
- 식성 : 초식
- 발견된 곳 : 북아메리카

곤봉은 천적에게 맞서 싸우거나 동족 간의 힘겨루기에 쓰였을 것으로 여겨져요.

곡룡류 공룡

HP 250

공격력 60
방어력 80
속도 50

다음 중 곡룡류 공룡이 아닌 것은?

1. 스테고사우루스

2. 사우로펠타

3. 민미

4. 사이카니아

곡룡류 공룡

갑옷공룡으로도 불리는 곡룡류는 등이 갑옷처럼 단단한 골판으로 덮였고, 꼬리 끝에는 뼈로 된 뭉치가 있어요.
스테고사우루스는 쥐라기에 살았던 검룡류 공룡이에요.

검룡류는 등에 골판이 있고 꼬리에는 뾰족한 가시가 있는 것이 특징이에요.

HP 240

유오플로케팔루스

공격력 60
방어력 70
속도 50

유오플로케팔루스는 안킬로사우루스와 어떻게 달랐을까요?

1. 꼬리에 곤봉 같은 뼈 뭉치가 없어요.

2. 안킬로사우루스보다 훨씬 더 큰 공룡이에요.

3. 거의 똑같이 생겼어요.

4. 등 위의 골판이 안킬로사우루스보다 더 튀어나와 있어요.

유오플로케팔루스

유오플로케팔루스는 '잘 무장된 머리'라는 뜻의 이름으로, 에우오플로케팔루스라고 발음하기도 해요. 유오플로케팔루스는 안킬로사우루스처럼 등이 딱딱한 뼈로 된 갑옷으로 덮여 있으며 꼬리에는 곤봉 모양의 뼈 뭉치가 있어요.

하지만 안킬로사우루스보다는 작은 편이며, 등 위의 골판이 더 튀어나와 있답니다.

- 살았던 시대 : 백악기 후기
- 크기 : 약 6m
- 체중 : 약 2.2t
- 식성 : 초식
- 발견된 곳 : 북아메리카

프테라노돈

HP 220

공격력 60
방어력 60
속도 70

다음 프테라노돈에 관한 설명 중 옳지 않은 것은?

1. 공룡이 아니에요.

2. 이빨이 없어요.

3. 오늘날 새의 조상 중 하나에요.

4. 바닷가에서 물고기 등을 잡아먹고 살았어요.

프테라노돈

프테라노돈이라는 이름은 '날개를 지녔으나 이빨이 없는'이라는 뜻이에요. 프테라노돈은 하늘을 나는 파충류인 익룡의 일종으로, 익룡은 공룡이 아니며 새의 조상도 아니에요.

- 살았던 시대 : 백악기 후기
- 크기 : 날개를 편 길이 약 6m
- 체중 : 50kg 남짓
- 식성 : 육식
- 발견된 곳 : 북아메리카, 유럽, 아시아

프테라노돈의 기다란 부리에는 이빨이 없고, 바닷가에서 물고기 등의 바다동물을 잡아먹고 살았던 것으로 여겨요.

다음 케찰코아틀루스가 사냥하는 방법 중 옳은 것은?

1. 땅 위에서도 빠르게 걸어다니며 사냥했어요.

2. 바다 위를 날아다니며 물고기를 낚아챘어요.

3. 사냥을 할 줄 몰랐어요.

4. 물속에 잠수해서 바다동물을 잡아먹었어요.

케찰코아틀루스

케찰코아틀루스라는 이름은 '날개를 가진 큰 뱀'이라는 뜻이에요. 케찰코아틀루스는 날개를 편 길이가 10m가 넘을 정도로 가장 큰 익룡 중 하나지만, 뼈의 속이 비어있어 몸무게는 200kg 내외였어요. 과학자들은 한때 케찰코아틀루스가 바다 위를 날아다니며 물고기를 낚아채었을 것으로 여겼지만, 몸의 구조상 그렇게 하기는 어려웠을 거예요.

케찰코아틀루스는 빠르게 걸어 다닐 수 있어서 땅 위에서도 사냥하거나 죽은 동물을 먹었을 것으로 추측하고 있어요.

- 살았던 시대 : 백악기 후기
- 크기 : 날개를 편 길이 10~11m
- 체중 : 200~250kg
- 식성 : 육식
- 발견된 곳 : 북아메리카

어룡

HP 200

공격력 60
방어력 70
속도 60

다음 중 어룡이 아닌 것은?

1. 이크티오사우루스

2. 쇼니사우루스

3. 모사사우루스

4. 템노돈토사우루스

어룡

어룡은 중생대의 바다에서 살았던 바다 파충류로, 공룡이 아니에요. 겉모습이 고래나 돌고래와 닮았으며, 길고 뾰족한 턱과 커다란 눈이 있어요.
모사사우루스는 어룡처럼 지느러미가 있는 꼬리를 지녔지만, 어룡은 아니에요.

오늘날의 왕도마뱀이나 뱀하고 가까운 바다 파충류랍니다.

엘라스모사우루스

HP 240

공격력 70
방어력 60
속도 70

엘라스모사우루스의 목에 관한 설명 중 옳지 않은 것은?

1. 목뼈의 개수는 70개가 넘어요.

2. 목의 길이가 몸길이의 반이 넘기도 했어요.

3. 긴 목을 이용해 바다 위를 날아가는 익룡도 잡아먹었어요.

4. 긴 목을 뻗어 주로 작은 바다 동물을 잡아먹었어요.

엘라스모사우루스

'얇은 판 도마뱀'이라는 뜻의 이름을 가진 엘라스모사우루스는 중생대에 살았던 바다 파충류인 '수장룡'의 한 종류로, 공룡이 아니에요. 엘라스모사우루스의 목은 아주 길어 몸길이의 반이 넘기도 했고, 목뼈 개수는 70개가 넘어요. 엘라스모사우루스의 목구멍은 아주 작아서 긴 목을 이용해 익룡을 잡아먹는 것은 어려웠을 것으로 여겨져요.

- 살았던 시대 : 백악기 후기
- 크기 : 최대 약 10.3m
- 체중 : 2t
- 식성 : 육식
- 발견된 곳 : 북아메리카

주로 물고기나 오징어 같은 바다 동물을 잡아먹었을 거예요.

크로노사우루스

HP 380

공격력 80
방어력 80
속도 60

다음 크로노사우루스에 관한 설명 중 옳지 않은 것은?

1. 물고기만 잡아먹고 살았어요.

2. 머리가 몸길이의 4분의 1이나 될 정도로 커요.

3. 20cm가 넘는 날카로운 이빨이 있어요.

4. 공룡이 아니에요.

크로노사우루스

'거대한 도마뱀'이라는 뜻의 이름을 가진 크로노사우루스는 공룡이 아니라 바다 파충류 수장룡의 일종이에요. 크로노사우루스는 목이 짧고 굵으며 머리가 몸길이의 4분의 1이나 될 정도로 커요. 큰 머리에 20cm가 넘는 날카로운 이빨이 있어요.

물고기는 물론 다른 바다 파충류까지 사냥했을 것으로 여겨져요.

- 살았던 시대 : 백악기 전기
- 크기 : 9~11m
- 체중 : 3t
- 식성 : 육식
- 발견된 곳 : 오스트레일리아

HP 500
모사사우루스
공격력 100
방어력 90
속도 70

모사사우루스는 어떤 동물하고 가장 가까울까요?

1. 이크티오사우루스

2. 크로노사우루스

3. 왕도마뱀이나 뱀

4. 악어

모사사우루스

모사사우루스는 '뮤즈 도마뱀'이라는 뜻의 이름이에요. 크로노사우루스 같은 수장룡과 닮았지만, 전혀 다른 종의 바다 파충류이며 오늘날의 왕도마뱀이나 뱀과 가장 가까운 동물이에요.

커다란 덩치에 강한 턱과 이빨이 있어 백악기 당시 바다의 최고 포식자였어요.

- 살았던 시대 : 백악기 후기
- 크기 : 10~15m
- 체중 : 6t
- 식성 : 육식
- 발견된 곳 : 유럽, 아메리카, 아프리카, 아시아

정답 페이지

1 트라이아스기의 공룡…11

12p 코엘로피시스(정답: 4번)

14p 플라테오사우루스(정답: 3번)

16p 헤레라사우루스(정답: 3번)

2 쥐라기의 공룡…19

20p 브라키오사우루스(정답: 2번)

22p 마소스폰딜루스(정답: 3번)

24p 디플로도쿠스(정답: 1번)

26p 케티오사우루스(정답: 2번)

28p 카마라사우루스(정답: 4번)

30p 바로사우루스(정답: 3번)

32p 안키사우루스(정답: 4번)

34p 알로사우루스(정답: 1번)

36p 메갈로사우루스(정답: 2번)

38p 케라토사우루스(정답: 3번)

40p 딜로포사우루스(정답: 4번)

42p 신랍토르(정답: 3번)

44p 양추아노사우루스(정답: 3번)

46p 콤프소그나투스(정답: 1번)

48p 이(정답: 2번)

50p 시조새(정답: 1번)

52p 헤테로돈토사우루스(정답: 3번)

54p 마멘키사우루스(정답: 3번)

56p 스테고사우루스(정답: 3번)

58p 켄트로사우루스(정답: 2번)

60p 디모르포돈(정답: 3번)

62p 익룡(정답: 2번)

64p 아누로그나투스(정답: 3번)

66p 이크티오사우루스(정답: 1번)

68p 오프탈모사우루스(정답: 3번)

70p 리오플레우로돈(정답: 4번)

3 백악기의 공룡 …73

74p 티라노사우루스(정답: 1번)

76p 스피노사우루스(정답: 3번)

78p 카르노타우루스(정답: 2번)

80p 기가노토사우루스(정답: 4번)

82p 수각류 공룡(정답: 3번)

84p 타르보사우루스(정답: 1번)

86p 스트루티오미무스(정답: 3번)

88p 갈리미무스(정답: 2번)

90p 오르니토미무스(정답: 1번)

92p 테리지노사우루스(정답: 2번)

94p 벨로키랍토르(정답: 4번)

96p 데이노니쿠스(정답: 3번)

98p 오비랍토르(정답: 4번)

100p 바리오닉스(정답: 1번)

102p 수코미무스(정답: 3번)

104p 유티란누스(정답: 2번)

106p 아르젠티노사우루스(정답: 4번)

108p 살타사우루스(정답: 1번)

110p 용각류 공룡(정답: 2번)

112p 이구아노돈(정답: 4번)

114p 파라사우롤로푸스(정답: 1번)

116p 조각류 공룡(정답: 3번)

118p 에드몬토사우루스(정답: 1번)

120p 힙실로포돈(정답: 4번)

122p 람베오사우루스(정답: 2번)

124p 오우라노사우루스(정답: 1번)

126p 마이아사우라(정답: 2번)

128p 트리케라톱스(정답: 4번)

130p 각룡류 공룡(정답: 3번)

132p 프로토케라톱스(정답: 1번)

134p 파키케팔로사우루스(정답: 4번)

136p 안킬로사우루스(정답: 2번)

138p 곡룡류 공룡(정답: 1번)

140p 유오플로케팔루스(정답: 4번)

142p 프테라노돈(정답: 3번)

144p 케찰코아틀루스(정답: 1번)

146p 어룡(정답: 3번)

148p 엘라스모사우루스(정답: 3번)

150p 크로노사우루스(정답: 1번)

152p 모사사우루스(정답: 3번)

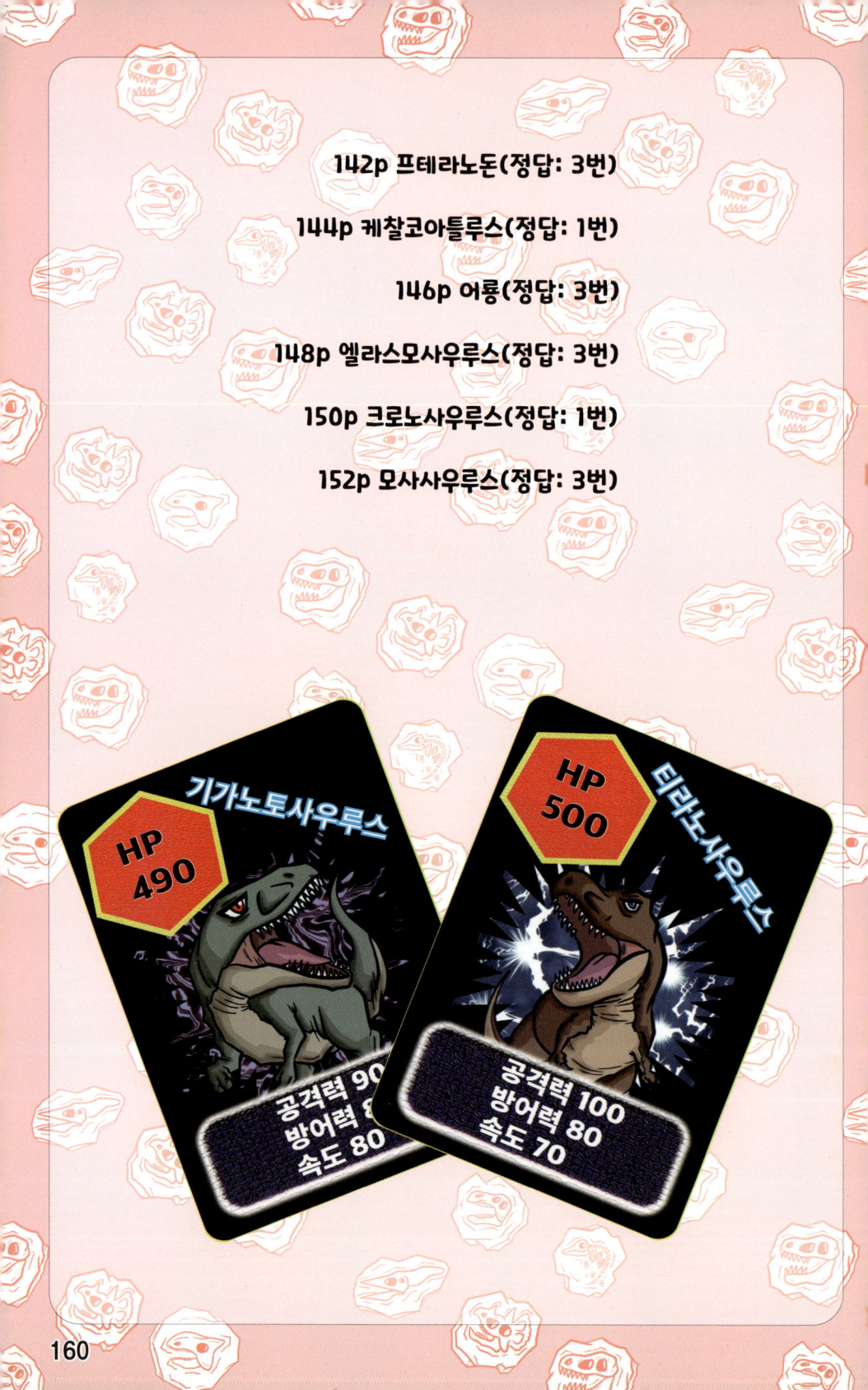